Novena
VIRGEN DE LA CARIDAD DEL COBRE
Por Laila Pita

© Calli Casa Editorial, 2012
Yhacar Trust, 2021

Todos los derechos registrados. Prohibida la reproducción total o parcial de esta obra en todo su contenido: texto, dibujos, ideas e ilustraciones de portada, sin autorización por escrito.

www.solonovenas.com
#2500-596

UN POCO DE HISTORIA

En 1687 en el mar de Cuba, apareció una imagen de modo misterioso. Juan y Rodrigo Hoyos embarcados en una canoa de Francia a Cuba, vieron una cosa blanca flotando sobre la espuma del mar, sin saber de qué se trataba, se acercaron más, al principio pensaron que se trataba de un pájaro y ramas secas, pero cuando estaban a una distancia más corta, uno de ellos dijo que era una niña, ya más cerca reconocieron a Nuestra Señora la Santísima Virgen con un niño Jesús en los brazos sobre una tabla pequeña, con letras grandes que decían: "Yo soy la Virgen de la Caridad". Curiosamente sus vestiduras no estaban mojadas. Llenos de alegría la llevaron para el Hato de Barajagua. Después trasladaron la imagen al pueblo del Cobre, donde construyeron un templo en su honor. La devoción en el pueblo cubano creció cada vez más. El Papa Benedicto XV la proclamó Patrona de Cuba y concedió al Santuario título de Basílica, porque conocía el amor y devoción de los cubanos hacia ella. La Virgen de la Caridad del Cobre fue coronada por su Santidad Juan Pablo II como Reina y Patrona de Cuba el 24 de enero de 1998.

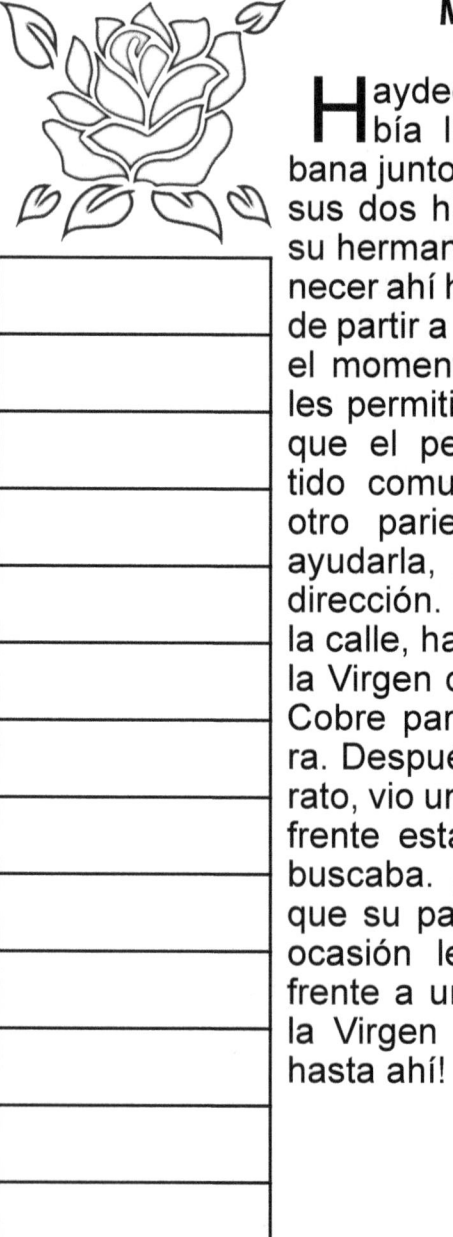

MILAGRO

Haydeé González había llegado a la Habana junto con su esposo y sus dos hijas a la casa de su hermana. Iban a permanecer ahí hasta el momento de partir a España. Llegado el momento, el cuñado no les permitió quedarse, porque el pertenecía al partido comunista. Ella tenía otro pariente que podría ayudarla, pero ignoraba la dirección. Llorando salió a la calle, haciendo oración a la Virgen de la Caridad del Cobre para que la auxiliara. Después de caminar un rato, vio una panadería, enfrente estaba la casa que buscaba. En eso recordó que su pariente en alguna ocasión le dijo que vivía frente a una panadería. ¡Y la Virgen la había llevado hasta ahí!

ORACIÓN DIARIA

Virgen de la Caridad del Cobre, blanca espuma de mar. Tu belleza no puedo dejar de mirar. Virgen milagrosa hermosa Madre piadosa, tu Santa aparición fue misteriosa, grande fue la dicha de los que te fueron a encontrar. Te dedico esta novena, para pedirte me vengas a ayudar. Protégeme cuando me enfrente a una situación peligrosa, dale a mi alma tranquilidad cuando esté nerviosa. Sé que del peligro tú me vas a librar. En el océano límpido reflejo solar, de ti jamás voy a dudar.

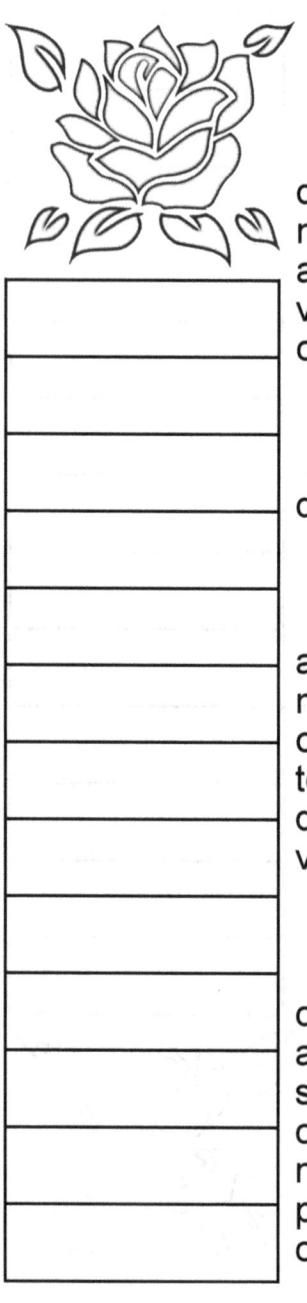

HAGA SU PETICIÓN

Aquí estoy hincado a tus pies. Con la luz de tus quinqués que no tienen comparación alumbra a este humilde feligrés que viene a hacerte esta petición.

Te ruego con todo mi corazón me concedas... (Se hace la petición)

Esto es un asunto de interés te suplico tu atención me des. Concédeme lo que te pido en esta ocasión y con tu divina protección me ayudes, para que seas tú siempre mi salvación.

Padre Nuestro, que estás en el cielo, santificado sea tu nombre; venga a nosotros tu reino; hágase tu voluntad, en la tierra como en el cielo. Danos hoy nuestro pan de cada día; perdona nuestras ofensas, como también nosotros

perdonamos a los que nos ofenden; no nos dejes caer en la tentación, y líbranos del mal. Amén.

Dios te salve, María, llena eres de gracia, el Señor es contigo. Bendita tú eres entre todas las mujeres, y bendito es el fruto de tu vientre: Jesús. Santa María, Madre de Dios, ruega por nosotros, pecadores, ahora y en la hora de nuestra muerte. Amén.

Gloria al Padre, al Hijo y al Espíritu Santo. Como era en el principio, ahora y siempre, por los siglos de los siglos. Amén.

DÍA PRIMERO

Virgen misteriosa ven en mi auxilio cuando me encuentre inseguro. Tiéndeme tu mano y sácame del apuro. Si en un momento me vez naufragar, sácame con tu poder milagroso y no permitas que me vaya a ahogar. Dame la confianza para vislumbrar el futuro y desde ahora sentirme seguro. Divina Señora de la Caridad en ti no dejo de pensar. Permíteme a tu corazón entrar. Madre en tus brazos nada me ha de pasar. Reverenciada Virgen tu protección es fuerte como un muro.

Padre Nuestro, que estás en el cielo, santificado sea tu nombre; venga a nosotros tu reino; hágase tu voluntad, en la tierra como en el cielo. Danos hoy nuestro pan de cada día; perdona nuestras ofensas, como también nosotros perdonamos a los que nos

ofenden; no nos dejes caer en la tentación, y líbranos del mal. Amén.

Dios te salve, María, llena eres de gracia, el Señor es contigo. Bendita tú eres entre todas las mujeres, y bendito es el fruto de tu vientre: Jesús. Santa María, Madre de Dios, ruega por nosotros, pecadores, ahora y en la hora de nuestra muerte. Amén.

Gloria al Padre, al Hijo y al Espíritu Santo. Como era en el principio, ahora y siempre, por los siglos de los siglos. Amén.

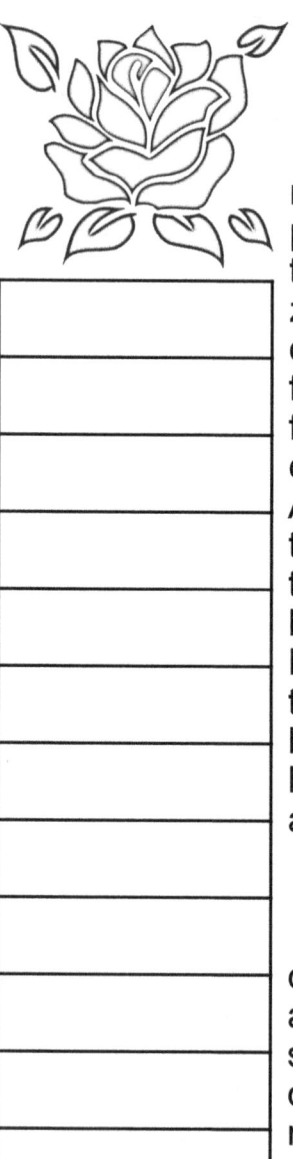

DÍA SEGUNDO

Bienaventurada Madre de Jesús trae a la tierra tu justicia y regálanos tu palabra alimenticia. Señora tu eres la bondad y la pureza. Con tu amor me llenas de riqueza. Si estuviese frente a un juez, mándame favorable sentencia, evita que se cometa injusticia. Arma mi corazón de fortaleza, provee a mi espíritu de calma y firmeza. Un buen desenlace propicia. Divina Reina estar junto a ti es una delicia. Virgen de la Caridad del Cobre de celestial grandeza, proteges a tus hijos con gentileza.

Padre Nuestro, que estás en el cielo, santificado sea tu nombre; venga a nosotros tu reino; hágase tu voluntad, en la tierra como en el cielo. Danos hoy nuestro pan de cada día; perdona nuestras ofensas, como también nosotros perdonamos a los que nos

ofenden; no nos dejes caer en la tentación, y líbranos del mal. Amén.

Dios te salve, María, llena eres de gracia, el Señor es contigo. Bendita tú eres entre todas las mujeres, y bendito es el fruto de tu vientre: Jesús. Santa María, Madre de Dios, ruega por nosotros, pecadores, ahora y en la hora de nuestra muerte. Amén.

Gloria al Padre, al Hijo y al Espíritu Santo. Como era en el principio, ahora y siempre, por los siglos de los siglos. Amén.

DÍA TERCERO

Idolatrada Madre de Dios con tu infinito poder, si tuviera a un rival enfrentar, no me dejes caer, dame comando, fuerza y victoria, para que en la contienda pueda alcanzar la gloria. Virgen de la Caridad del Cobre, junto a ti la entereza quiero encontrar, de cualquier problema sano y salvo escapar. Apacible Señora en toda la historia tú siempre has buscado llegar a una charla conciliatoria y jamás has sido inquisitoria. Señora de grandioso corazón sin par. Eres la gracia, la aurora que da vida al mar.

Padre Nuestro, que estás en el cielo, santificado sea tu nombre; venga a nosotros tu reino; hágase tu voluntad, en la tierra como en el cielo. Danos hoy nuestro pan de cada día; perdona nuestras ofensas, como también nosotros

perdonamos a los que nos ofenden; no nos dejes caer en la tentación, y líbranos del mal. Amén.

Dios te salve, María, llena eres de gracia, el Señor es contigo. Bendita tú eres entre todas las mujeres, y bendito es el fruto de tu vientre: Jesús. Santa María, Madre de Dios, ruega por nosotros, pecadores, ahora y en la hora de nuestra muerte. Amén.

Gloria al Padre, al Hijo y al Espíritu Santo. Como era en el principio, ahora y siempre, por los siglos de los siglos. Amén.

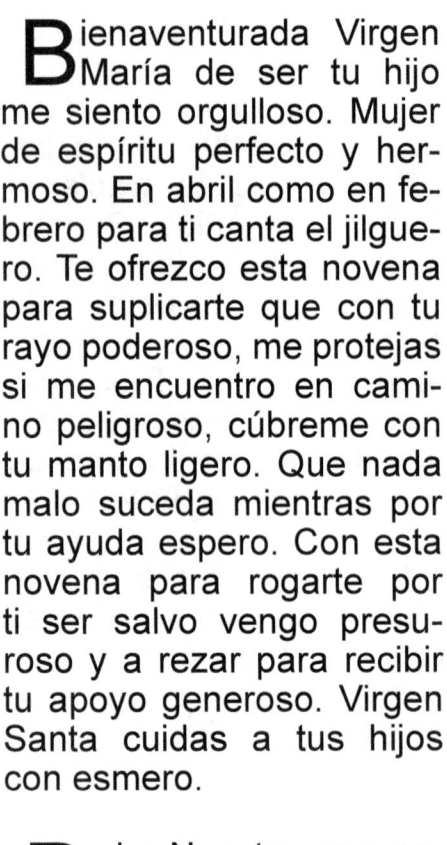

DÍA CUARTO

Bienaventurada Virgen María de ser tu hijo me siento orgulloso. Mujer de espíritu perfecto y hermoso. En abril como en febrero para ti canta el jilguero. Te ofrezco esta novena para suplicarte que con tu rayo poderoso, me protejas si me encuentro en camino peligroso, cúbreme con tu manto ligero. Que nada malo suceda mientras por tu ayuda espero. Con esta novena para rogarte por ti ser salvo vengo presuroso y a rezar para recibir tu apoyo generoso. Virgen Santa cuidas a tus hijos con esmero.

Padre Nuestro, que estás en el cielo, santificado sea tu nombre; venga a nosotros tu reino; hágase tu voluntad, en la tierra como en el cielo. Danos hoy nuestro pan de cada día; perdona nuestras ofensas, como también nosotros

perdonamos a los que nos ofenden; no nos dejes caer en la tentación, y líbranos del mal. Amén.

Dios te salve, María, llena eres de gracia, el Señor es contigo. Bendita tú eres entre todas las mujeres, y bendito es el fruto de tu vientre: Jesús. Santa María, Madre de Dios, ruega por nosotros, pecadores, ahora y en la hora de nuestra muerte. Amén.

Gloria al Padre, al Hijo y al Espíritu Santo. Como era en el principio, ahora y siempre, por los siglos de los siglos. Amén.

DÍA QUINTO

Gloria a ti Virgen de la Caridad, primorosa Señora en Santidad. Esta novena vengo a rezarte, con amor para adorarte, te suplico señora tengas voluntad de dar a este humilde siervo tu caridad. Si me enfrentara a un enemigo oculto, vengo a rogarte, me hagas invisible frente a su paso y pueda seguir adelante y sólo a ti mirarte. Madre mía de misericordiosa personalidad. Eres la Reina de la paz y la verdad. Venturosa señora tu omnipotente mano quiero besarte y mi completo amor entregarte.

Padre Nuestro, que estás en el cielo, santificado sea tu nombre; venga a nosotros tu reino; hágase tu voluntad, en la tierra como en el cielo. Danos hoy nuestro pan de cada día; perdona nuestras ofensas, como también nosotros

perdonamos a los que nos ofenden; no nos dejes caer en la tentación, y líbranos del mal. Amén.

Dios te salve, María, llena eres de gracia, el Señor es contigo. Bendita tú eres entre todas las mujeres, y bendito es el fruto de tu vientre: Jesús. Santa María, Madre de Dios, ruega por nosotros, pecadores, ahora y en la hora de nuestra muerte. Amén.

Gloria al Padre, al Hijo y al Espíritu Santo. Como era en el principio, ahora y siempre, por los siglos de los siglos. Amén.

DÍA SEXTO

Santísimo Lucero de la mañana, repique para ti la campana, Virgen de la Caridad del Cobre eres excepcional. Los Ángeles cantan frente a tu celeste ventanal. Esta novena te ofrezco Señora para honrarte de buena gana, porque mi alma te extraña. Si en una encrucijada estuviese, muéstrame con tu luz del túnel el final. Venir agradecido a tus pies para enaltecerte aquí en tu pedestal. Fresca azucena temprana. Bendita Virgen de la Caridad frescura lozana. Mujer de pureza original, tu cariño es esencial.

Padre Nuestro, que estás en el cielo, santificado sea tu nombre; venga a nosotros tu reino; hágase tu voluntad, en la tierra como en el cielo. Danos hoy nuestro pan de cada día; perdona nuestras ofensas, como también nosotros

perdonamos a los que nos ofenden; no nos dejes caer en la tentación, y líbranos del mal. Amén.

Dios te salve, María, llena eres de gracia, el Señor es contigo. Bendita tú eres entre todas las mujeres, y bendito es el fruto de tu vientre: Jesús. Santa María, Madre de Dios, ruega por nosotros, pecadores, ahora y en la hora de nuestra muerte. Amén.

Gloria al Padre, al Hijo y al Espíritu Santo. Como era en el principio, ahora y siempre, por los siglos de los siglos. Amén.

DÍA SÉPTIMO

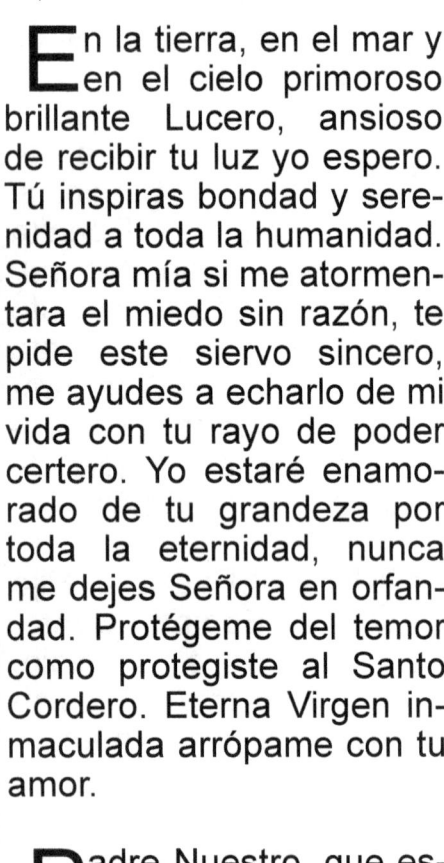

En la tierra, en el mar y en el cielo primoroso brillante Lucero, ansioso de recibir tu luz yo espero. Tú inspiras bondad y serenidad a toda la humanidad. Señora mía si me atormentara el miedo sin razón, te pide este siervo sincero, me ayudes a echarlo de mi vida con tu rayo de poder certero. Yo estaré enamorado de tu grandeza por toda la eternidad, nunca me dejes Señora en orfandad. Protégeme del temor como protegiste al Santo Cordero. Eterna Virgen inmaculada arrópame con tu amor.

Padre Nuestro, que estás en el cielo, santificado sea tu nombre; venga a nosotros tu reino; hágase tu voluntad, en la tierra como en el cielo. Danos hoy nuestro pan de cada día; perdona nuestras ofensas, como también nosotros

perdonamos a los que nos ofenden; no nos dejes caer en la tentación, y líbranos del mal. Amén.

Dios te salve, María, llena eres de gracia, el Señor es contigo. Bendita tú eres entre todas las mujeres, y bendito es el fruto de tu vientre: Jesús. Santa María, Madre de Dios, ruega por nosotros, pecadores, ahora y en la hora de nuestra muerte. Amén.

Gloria al Padre, al Hijo y al Espíritu Santo. Como era en el principio, ahora y siempre, por los siglos de los siglos. Amén.

DÍA OCTAVO

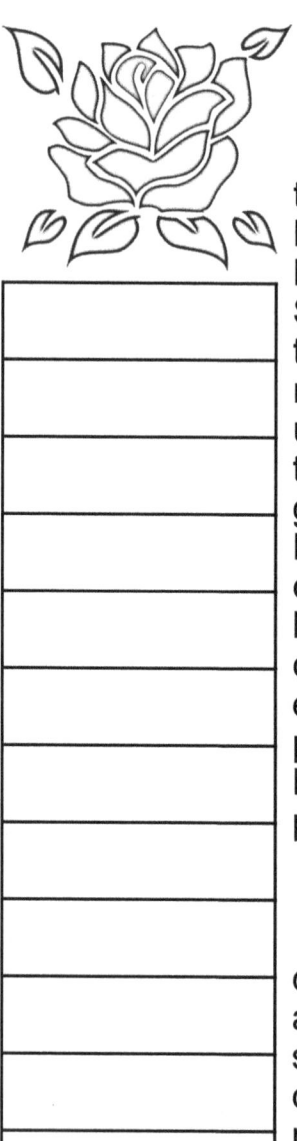

Madre mía que estas en el cielo, linda y tierna como fresco pomelo, déjame tomar tu mano y besar tu lienzo fino. Virgen Santa tu caridad llega con tino. Sí en algún momento me encuentro de viaje en un vuelo, protégeme con tu Santo velo, para que llegue con bien a mi destino. Dame seguridad en todo el camino. Permite que en tus brazos siempre encuentre consuelo. Señora mía que esté sano y salvo cuando pise el suelo. Candoroso Lucero de rayo citrino, límpido y cristalino.

Padre Nuestro, que estás en el cielo, santificado sea tu nombre; venga a nosotros tu reino; hágase tu voluntad, en la tierra como en el cielo. Danos hoy nuestro pan de cada día; perdona nuestras ofensas, como también nosotros perdonamos a los que nos

ofenden; no nos dejes caer en la tentación, y líbranos del mal. Amén.

Dios te salve, María, llena eres de gracia, el Señor es contigo. Bendita tú eres entre todas las mujeres, y bendito es el fruto de tu vientre: Jesús. Santa María, Madre de Dios, ruega por nosotros, pecadores, ahora y en la hora de nuestra muerte. Amén.

Gloria al Padre, al Hijo y al Espíritu Santo. Como era en el principio, ahora y siempre, por los siglos de los siglos. Amén.

DÍA NOVENO

Por ti Divina Señora tengo predilección, esta novena vengo a ofrendarte en acto de contrición. A ti obedecen el mar y el viento y en la tierra te siento y me pongo contento. Madre mía si me enfrentara a una adicción, dame sobriedad y liberación. Estando en mis cinco sentidos sea limpio de pensamiento. Sálvame de cualquier sufrimiento. Ninguna droga con tus bellas palabras de amor tiene comparación. Por eso ante ti hago genuflexión. Santa Señora tu caridad es para mi alma saludable linimento.

Padre Nuestro, que estás en el cielo, santificado sea tu nombre; venga a nosotros tu reino; hágase tu voluntad, en la tierra como en el cielo. Danos hoy nuestro pan de cada día; perdona nuestras ofensas, como también nosotros

perdonamos a los que nos ofenden; no nos dejes caer en la tentación, y líbranos del mal. Amén.

Dios te salve, María, llena eres de gracia, el Señor es contigo. Bendita tú eres entre todas las mujeres, y bendito es el fruto de tu vientre: Jesús. Santa María, Madre de Dios, ruega por nosotros, pecadores, ahora y en la hora de nuestra muerte. Amén.

Gloria al Padre, al Hijo y al Espíritu Santo. Como era en el principio, ahora y siempre, por los siglos de los siglos. Amén.

ORACIÓN FINAL

Virgen de la Caridad del Cobre rebosante frescura de lirio. Tus Santos designios son un misterio, pero a todos llega tu bendición poderosa, por eso te ruego, si me encuentro en una situación peligrosa, mantengas prendido tu cirio, para alumbrarme y liberarme de un problema serio. Guíame por el camino seguro para que mi alma se sienta dichosa. Divina Señora de mirada primorosa. Al mirar tu grácil figura me siento en paz y sonrío, tú me llenas de fortaleza y comienzo el día con más brío.

Padre Nuestro, que estás en el cielo, santificado sea tu nombre; venga a nosotros tu reino; hágase tu voluntad, en la tierra como en el cielo. Danos hoy nuestro pan de cada día; perdona nuestras ofensas, como también nosotros

perdonamos a los que nos ofenden; no nos dejes caer en la tentación, y líbranos del mal. Amén.

Dios te salve, María, llena eres de gracia, el Señor es contigo. Bendita tú eres entre todas las mujeres, y bendito es el fruto de tu vientre: Jesús. Santa María, Madre de Dios, ruega por nosotros, pecadores, ahora y en la hora de nuestra muerte. Amén.

Gloria al Padre, al Hijo y al Espíritu Santo. Como era en el principio, ahora y siempre, por los siglos de los siglos. Amén.

Papá Dios: que tu sabiduría nos guíe; que tu luz ilumine nuestro camino; que tu amor nos de paz; que tu poder nos proteja, y que por donde quiera que caminemos, tu presencia nos acompañe. Gracias Papá Dios que ya nos oíste. Amén.

www.ingramcontent.com/pod-product-compliance
Lightning Source LLC
Chambersburg PA
CBHW070634150426
42811CB00050B/299